Juan Prato

Solo se Espiritualiza este Mundo

Juan Prato

Solo se Espiritualiza este Mundo

Buscando la Cuarta Generación

CREDO EDICIONES

Imprint

Any brand names and product names mentioned in this book are subject to trademark, brand or patent protection and are trademarks or registered trademarks of their respective holders. The use of brand names, product names, common names, trade names, product descriptions etc. even without a particular marking in this work is in no way to be construed to mean that such names may be regarded as unrestricted in respect of trademark and brand protection legislation and could thus be used by anyone.

Cover image: www.ingimage.com

Publisher:
CREDO EDICIONES
is a trademark of
Dodo Books Indian Ocean Ltd. and OmniScriptum S.R.L publishing group

120 High Road, East Finchley, London, N2 9ED, United Kingdom
Str. Armeneasca 28/1, office 1, Chisinau MD-2012, Republic of Moldova, Europe
Printed at: see last page
ISBN: 978-613-6-27131-6

Copyright © Juan Prato
Copyright © 2024 Dodo Books Indian Ocean Ltd. and OmniScriptum S.R.L publishing group

SOLO SE ESPIRITUALIZA ESTE MUNDO

Por Juan Antonio Prato Landaeta

PROLOGO

Para poder espiritualizar hay que creer en lo natural y sobrenatural, osea la evolución y en la creación de Dios, que ambas se encontraron gracias a la atención que lo llevó a la invención, a la iniciativa, a lo científico inimaginable que se convirtió primero en una humanidad y que terminó en civilización. Todo inicia en un espacio tiempo que no es este, donde deambula Dios y que gracias a su atención, invención, iniciativa y lo científico sobrenatural creó un espacio de pruebas y registros que llamó Edén. Allí puso dos grandes árboles con frutos y puso por nombre el conocimiento y la vida, que originalmente lo prohibió porque quería observar y registrar el comportamiento de lo ingenuo e inocente que permite la pureza. Es primero el conocimiento que se adquiere para luego el que lo logre tenga la vida, porque de la pureza e inocencia gracias al conocimiento llega la conciencia y dependiendo de esta conciencia llega la vida, porque hay muchos con conciencia que no tienen vida en el mundo, porque lo domina lo impuro que adquirieron por el conocimiento que alimenta tanto la inteligencia del cuerpo que lo lleva a la satisfacción, y se olvidan de la razón del alma que puede alcanzar la vida. Es este desarrollo de ambos, inteligencia o razón, la que puede recobrar lo puro pero no por lo ingenuo o inocente, sino por los valores y virtudes que adquiera que le permite controlar los instintos del cuerpo que son la base de lo impuro, alcanzando de nuevo lo puro y solo lo puro puede deambular con Dios en su espacio tiempo.

Entonces tenemos dos formas de pureza, lo ingenuo e inocente y aquello con valores y virtudes, que cuando Nuestro Señor Jesucristo quiere un alma que por suerte nació con el sentimiento del amor, la aleja del mundo para que no pierda lo ingenuo y lo inocente que le quita ese milagro. Y Dios toma aquellos que con valores compartidos desarrollan la virtud del amar que le permite alcanzar lo puro gracias a la aplicación de otras virtudes como serenidad, el valor, la sabiduría y la voluntad de mantenerse en lo puro, porque puede controlar el instinto.

Cuando la civilización se apoderó del mundo gracias al mal uso del conocimiento que despertó una conciencia basada en querer, osea hacer, llevándolo por el camino de la satisfacción del placer, poder y gloria, hace que se perdiera una humanidad que la llevó a lo impuro de manera total y que con esas característica no puede deambular en el Edén. Para que eso pueda cambiar llega el árbol de la vida que nos lo da el espíritu que nos asigna el Espíritu Santo y que llegó cuando Nuestro Señor Jesucristo ascendió con su Padre para tomar el control del Proyecto de Dios, su Reino, el Purgatorio, el Limbo y el Infierno, el Pentecostés. Toda la vida se mueve en dos condiciones libremente ejercidas, que son el bautismo en nombre del Espíritu Santo y la convicción del alma de ver en vertical que lo lleva a Dios por su propia decisión que le permite llegar a la confirmación, que es el camino que quiere tomar y es cuando actúa el espíritu dándole sus dones al alma que da la vida con sus frutos. La vida viene del Espíritu de Dios, porque existen los espíritus de satanás el príncipe de la muerte y que Dios expulso a este mundo que se convirtió en civilización, que lo llevó a necesitar de la espiritualidad con el espíritu para lograr alcanzar la vida y ascender para estar con Dios deambulando en el Edén. Ese es el Reino de Dios que dejó de ser nuevo hace más de 2.000 años y que todos debemos alcanzar con conciencia, porque los que no tienen la conciencia sino lo ingenuo e inocente Nuestro Señor Jesucristo lo saca del mundo tomando rápidamente su alma para que no se pierda tratando de alcanzar los frutos; Dios saco Adán y Eva del Edén por el despertar de la conciencia y Nuestro Señor Jesucristo saca un alma ingenua e inocente del mundo para que no se despierte en esa conciencia y habite con lo ingenuo e inocente en el Reino que le entregó su Padre.

Es el mundo que requiere la espiritualidad con los dones del espíritu que apoya al alma a luchar contra los instintos del cuerpo, que lo llevan a lo impuro y lo deambule el vengador de la sangre que lo puede entregar a satanás, y que deja de visitarlo porque los valores y virtudes lo convierten en puro. Entonces tenemos un vengador que va y viene porque el instinto siempre está presente y nos hace pecar haciendo que nos alejemos de lo puro, obligándonos a salir para purificarnos para volver a entrar en lo puro. Esa es la vida de espiritualidad un vaivén que solo puede mantenerse si vivimos en común fe o se toma la decisión de alejarse del mundo para no pertenecer a él, lo ascético y ermitaño; o vivimos en común fe o en lo ascético y que ambos requiere una convicción débil o una fuerte, la débil en común fe y la fuerte en ascetismo.

INTRODUCCION

Se pretende manuscribir cuales son los requisitos y el porqué de una vida espiritual que debe ser elegida de manera libre, que puede ser con principios o sin ellos; aquellos sin principios por una falta de conocimiento que le permitiría fortalecer una conciencia, pero que gracias a lo ingenuo e inocente sin el sentimiento del amor, se dejaron manipular cayendo en lo impuro que viene del instinto sin controlar. Esto nos lleva a dos tipos de seres impuros, aquellos sin conciencia por falta de conocimiento que cayeron en la manipulación y aquellos con conciencia que prefirieron el camino de la satisfacción por una falta de creencia en lo sobrenatural, unos sin el desarrollo de la razón del alma que cayeron en la manipulación y mentiras de la civilización y aquellos que si desarrollaron la razón del alma pero que por falta de creencia en lo sobrenatural se dejaron llevar por un mundo entrando en una civilización totalmente impura, viven en una lucha que trae ganadores y perdedores, solo por alcanzar una falsa autorrealización basada en adquirir solo bienes y servicios, que lo puedan llevar a la mayor cantidad de satisfacción que solo alimenta el instinto del cuerpo, que cada día pide más y más.

Es el conocimiento que le permite al ser humano integral primero tener un autoconocimiento sobre sí mismo que lo lleve a su propio concepto para asentar bases y poder autoevaluarse, autoaceptarse con sus fortalezas y debilidades para atender sus catracterísticas y lograr un equilibrio con su propia escala de valores compartidos que lo llevan a la autoestima balanceada, osea si esta baja o muy alta busca siempre que esa conciencia maniobre para estar equilibrada. Este proceso interno que se logra con el autoanálisis, autocrítica y sobre todo la introspección se fortalece alimentando con conocimiento esta conciencia y lo dirigen a un yo integral entre las características del cuerpo y del alma con los dones del espíritu. Hay aquellos que se quedan solo con la integración de las características del cuerpo y alma, que son aquellos sin creencias en lo sobrenatural que ingresaron a la civilización.

Dependiendo del nivel de conocimiento depende la fortaleza de ese yo integral, que según el nivel educativo que logre dependerá el yo. Para subir o adelantar por la escalera del yo hay que pasar primero por un yo niño, un yo adulto, un yo padre y finalmente la integración de todos con una inclinación hacia uno de los otros, osea un yo integral inclinado al yo niño, o al yo adulto o al yo padre. Esta inclinación depende de las vivencias asimiladas en el largo camino de la vida, pero fundamentalmente las experiencias sobrenaturales que están muy relacionadas a las vivencias, unos las llaman las pruebas de la vida y otros las pruebas de Dios. Es lo sobrenatural que permite un yo integral con inclinación al yo padre que permite alcanzar el más alto nivel del yo integral que es la autorrealización del ser, el yo profundo.

Están aquellos que se quedaron en el yoismo que no completaron la fase del tú, que le permitía alcanzar lo empático, porque no lograron superar el escalón de la autoevaluación que le permite regular su autoestima moderada y la dejaron baja y que requirió un mecanismo para subirla que fue la superioridad. Son estos mecanismos de defensa los que le permite a la autoevaluación regular su posición en la civilización que lo pone en las decisiones vivenciales y que por falta de conciencia sobrenatural toma siempre el camino equivocado, llevándolo de prueba tras prueba de vida que lo mantiene estancado en una vida de ocios y placeres. Un poco de ambición es requerido para lograr adelantar o subir, porque adelantan los que tiene pruebas de vida y suben los que tiene pruebas de Dios. Siempre estará la dirección horizontal del mundo o la dirección vertical de Dios, el mundo es del ser humano integral que lo llevo a la civilización, pero el camino de Dios es un ser humano integral que lo llevó a humanizar esta civilización. Estas son las variables complejas que permiten la libertad con disciplina o el libertinaje que son las bases de las decisiones de la vida con espíritu o sin él, respectivamente; aquellos con libertad elegida que lo lleva en la dirección de lo desconocido pero con fe y esperanza que es el correcto y aquellos que se quedan en el libertinaje estancado por la búsqueda constante de placeres, poder y gloria. Hablamos de la autorrealización del ser o la autorrealización del hacer.

Se toma el camino de la autorrealización del ser pasando por el hacer que debe ser superado, siendo alcanzado solo por aquellos que buscan la espiritualidad con pruebas aceptadas que vienen de Dios para una preparación. Es la autorrealización del ser que requieren valores compartidos que son alcanzados con las vivencias del mundo, nos hacen entender que este mundo siempre gana si lo vemos desde el horizonte, pero que si lo vemos desde abajo comprendemos que no es un ganar o perder sino un valor de vivir bajo el Temor de Dios para seguir con valentía hacia arriba porque no se trata de nosotros sino de los demás.

INDICE

1. LA PERSONALIDAD

Cada ser humano integral es responsable con iniciativa de encontrar su yo y para eso requiere primero pasar por una serie de conocimientos que se lo da la costumbres y tradiciones donde se desenvuelva, con sus niveles de educación y el entorno donde se desarrolle, que está identificado de manera ideal con la familia. Esto se convierte en una cadena de decisiones y vivencias que afectan de manera seguida al grupo familiar en el tiempo o entorno responsable por esa educación, osea de padre a hijo o del tutor al tuteado. Entonces tenemos tres factores que influyen en la personalidad del ser humano integral que son: Las costumbres y tradiciones, el nivel de educación y el responsable, que según las características del ser humano integral separadas entre el cuerpo y el alma estará desarrollado ese yo.

Comenzando primero con las costumbres la cual influye de manera significativa, está condicionada primero por el lenguaje y segundo por la historia que define la costumbre y por consiguiente la tradición. Estas costumbres y tradiciones las clasifico la civilización en desarrollados, en busca de lo desarrollado y subdesarrollado, sin embargo existen los que no tiene desarrollo porque están colonizados, y por tanto tienen una tradición atada a otra que no le permite lograr su propia identidad, osea costumbres y tradición.

La educación en cada nación definida así por la civilización, tiene un nivel avanzado según la clasificación que tiene la costumbre y tradición, que le permite adquirir conocimiento según su entorno y sus características individuales, y sobre todo la capacidad de asimilar, gracias a un yo que se desarrolla en cada una de sus fases, el yo niño, el yo adulto y el yo padre. El yo niño se desarrolla bajo estos parámetros de tradiciones, entorno y características hasta la edad de 12 años que permite el conocimiento de las características primero del cuerpo y sin aceptar las características del alma. Estas características las podemos nombrar de manera separada comenzando con el cuerpo donde se encuentran los instintos, los temperamentos y las emociones, de manera inicial, que según la educación que reciba por parte de su entorno o responsable, le permite asimilar o no dando la posibilidad de estancarse o continuar en rumbo al yo adulto.

Tenemos un yo adulto que se desarrolla desde los 12 años hasta los 21 años que según lo asimilado en la etapa del yo niño, le permite desarrollar esas características del alma que son la razón, el sentimiento, el carácter con su iniciativa y sobre todo el deseo de superarse como persona, ambición que se lo da el entorno que lo llevará al tipo de creencia que tiene como base la aceptación de que existen valores y virtudes que se deben encontrar, aquí está el avance o estancamiento verdadero hacia la espiritualidad o la civilización.

Digámoslo de esta manera, si existe el deseo que viene del alma con su aceptación o no, de comprender los conceptos psicológicos inicialmente del mundo para alcanzar primero su autoconcepto, puede que exista una alta probabilidad de lograr avanzar hacia su autoaceptación. El autoconocimiento como necesidad interna de evaluarse como individuo, le permitirá considerar lo bueno y lo malo inicialmente, solo por reconocer el daño mismo y el de los demás, debido a sus decisiones que lo llevan a percatarse que hace mal en su entorno. Lo lleva a la necesidad conciente o inconciente de comprender los componentes que intervienen en sus decisiones, para evitar ese daño que lo mantiene en una constante atención en los elementos que intervienen en sus tomas de decisiones, que implica una constante retroalimentación de resultados. Aquellos que no les interesa hacer daño en su entorno se quedan estancado requiriendo atención por los responsables en su educación que si no lo tiene, puede salir cualquier cosa.

El autoconcepto que viene de ese ciclo decisión, evaluación y retroalimentación por parte de ese yo niño que busca su yo adulto, lo lleva a una serie de creencias sobre todo de sí mismo que se manifiesta definitivamente en su conducta, y es por eso que la edad de adolescencia es tan difícil para los padres o tutores, que requiere monitoreo para asesorar y ayudar a buscar su propia verdad, que definen sus creencias y que deben ser de manera propiamente elegida producto de las malas y buenas decisiones definidas por el mismo, entendiendo que lo malo para otros en su entorno es bueno para él, allí es donde está la importancia, que debe creer firmemente que es bueno y malo para él independientemente de las creencias de los demás, que lo encaminen a su autoconceptualización para establecer sus principios para su autoevaluación, porque para uno evaluarse se requieren de criterios previos para poder llegar a resultados, o mejor dicho autoresultados que le dan su autoaceptación y le permite lograr su yo adulto. Entendamos que la edad y el nivel auto, lo da una gran variedad de elementos que interactúan de manera compleja, y que las diversas teorías de la personalidad buscan explicar sin llegar a unificarse y lograr esa tan anhelada ley de la personalidad.

Se asegura sin titubeo que aquel que logre su autoaceptación alcanzará su yo adulto, y esto se manifiesta con la testarudez por defender sus propias creencias que le permite su dirección. Este autoconcepto es el inicio del camino del yo padre, que no quieren iniciar unos y que no todos los que inician logran alcanzar, porque se quedan estancados en la satisfacción del mundo, y no pueden tolerar las tribulaciones por el desapego a lo que necesitan y desean, que solo se puede lograr con la decisión de enfrentar esas tribulaciones por el amor hacia otros o amar a otros, donde se encuentran en primer plano los hijos. El amor que se tiene a los apegados en su entorno le permite atender y manejar en forma adecuada sus emociones y sentimientos para no hacer daño a quien ama. Ese amor que los filósofos griegos llamaron filia, es el que permite el autorespecto por mantener una imagen de seguridad y alumbrar con confianza sobre aquellos que comienzan su camino del yo niño en su entorno. Este es el ciclo que se debe cuidar en las comunidades espirituales para mantener una creencia sobrenatural.

Aquí llega la deseada autoestima que viene del verdadero ser y que muchos confunden con la vanidad y el egocentrismo del yo adulto que lo dejó estancado por la satisfacción. La autoestima es el resultado de todos los pasos anteriores integrados de manera continua que le permite una revisión, o mejor dicho una lista de chequeo que inicia con el autoconocimiento, autoconcepto, autoevaluación, autoaceptación, autorespeto que lo podemos visualizar en una línea de procesos que se ejecuta en su razonamiento y son primero la autocrítica, luego el autoanálisis y finalmente la introspección que lo mantiene en una autoestima adecuada por la responsabilidad que tiene sobre sus hombros, de aquellos seres yo niño y yo adulto que se encuentran estancados o no. Si logra este hábito del razonamiento analítico, crítico y afectivo llega a lo que Nuestro Señor Jesucristo quiere, que se llama el Yo Profundo, ese "Yo-Tu" que lo empuja al servicio y lo llamamos espiritualidad.

2. CONOCIMIENTO Y CONCIENCIA

Iniciemos este recorrido para llegar a la espiritualidad comenzando con el conocimiento que se adquiere en esa etapa de la educación primero del yo niño y luego del yo adulto. Mostrando las variables que lo llevan al estancamiento o avance en su camino al desarrollo de la conciencia o quedar en la inconciencia, todo es el conocimiento que le permite salir de la inconciencia que lo mantiene en el instinto y pasar a la conciencia donde está la razón, uno el cuerpo y otro en el alma. Le dejo la consciencia, subconsciencia e inconciencia a los psiquiatras que es la parte física del cerebro que según ellos mueven la conducta del ser humano. En este manuscrito para cerrar ese tema, consideramos que la consciencia es usada por el alma para comunicarse con la inteligencia, que en la subconsciencia se encuentran almacenado los instintos del cuerpo y en la inconsciencia se desarrolla sin saber una parte del conocimiento que requiere algo más para alcanzar. Nos centramos en creer que se necesita pasar del conciente al subconciente para regular y evitar que sea el inconciente que pasa por el subconciente para ejecutar, unos con la "s" y otros sin ella.

Los primeros conocimiento viene de los padres o de los tutores, que se preocupan por el crecimiento del bebe desde que nace hasta su preparación para ingresar al sistema educativo tradicional de su entorno. Es hasta los 12 años donde el niño fortalece sus instintos conociéndolo comenzando con la satisfacción corporal debido al gusto al placer, que confunden algunos psicoanalista con el sexo del niño sobre la madre, se trata de un simple conocimiento de los instintos de las satisfacciones corporales, donde inicia su camino. En los primeros 5 años conoce el placer y las primeras sensaciones que lo mantiene en un constante agrado y desagrado, hambre y satisfecho, sucio y limpio, conoce su entorno que lo mantiene curioso y alerta. Conoce las habilidades y posibilidades como son su fuerza, alcanzar, las diversidades de sonido, y lo más importante la comunicación. Aquí solo domina un subconciente que lo mantiene de manera constante en el instinto.

Al llegar a la educación preescolar, comienza a relacionarse con otros de su misma condición, edad pero con diversidad de comportamiento instintivo que está influenciado por completo en su temperamento hereditario. Se refleja lo impulsivo, agresivo, insensible, irritable, melancólico o susceptible que le da ese matiz que lo diferenciará de manera trascendental de los demás. Estos temperamentos que son descontroles lo llevan directamente a la emoción y es donde entra la observación y registro para logra comenzar a establecer un cuadro clínico, donde con serenidad y voluntad se puedan monitorear sus avance gracias a la educación que recibe. Esta educación está condicionada por el nivel social que tenga donde influirá en su creencia en ser y el hacer. Una educación costosa desde sus inicio lo llevan más al hacer que una educación gratuita que lo puede llevar al ser o envidiar el hacer.

Cuando uno ve las diversidades de listas efectivas clasificadas en emociones y sentimientos se percata que aún existen muchas confusiones sobre sus posibles diferencias, algunos ponen virtudes como sentimientos, valores como emociones. Si ponemos como criterio que las emociones son intensas pero con poca duración y los sentimientos son de larga duración con poca intensidad, y poniendo el toque mágico que las emociones están en el cuerpo y los sentimientos en el alma, se considera que se facilita la posibilidad de desarrollar una única lista aceptada por todos, pero no es lo que se pretende en este documento porque está claro que no se puede dar aún alimento sólido.

En la educación básica comienza la verdadera lucha por lograr identificar y separar los caminos de las diversas creencias, es en ese lugar donde se debe trabajar el posible inicio de la espiritualidad con el bautismo que permitirá ver aquel con un "Yo-Tú" los posibles candidatos a tomar ese camino del ser. No se trata de buscar sacerdotes se trata de preparar para que el camino sea libremente elegido, mediante el desarrollo de un yo adulto que asegure el camino de un yo padre, o por lo menos el intento. La pregunta aquí quien sería el responsable de esta tarea, y claramente son los padres o tutores con el apoyo de la comunidad espiritual a la que pertenezca que no es más que la parroquia. Son los Laicos Consagrados con el apoyo del sacerdote como principal guía espiritual como responsables de ese importante trabajo de llevar al futuro yo adulto al camino espiritual libremente ejercido. Tenemos aquí una conciencia que se encuentra entre lo niño y lo adulto que requiere la educación primero sobre la personalidad para que no se convierta en una espiritualidad hacer, osea una máscara que le impide ver su verdadero yo, que es lo que requiere ser espiritualizado, una vez conceptualizado por el participante.

3. LA CREENCIA, LA CONFIANZA Y SEGURIDAD

Es la creencia el resultado final de toda educación espiritual porque de allí depende, osea el resultado final está condicionado por la confianza y seguridad que le permita tomar decisiones acertadas solo para él por sus creencias. Es la creencia el factor fundamental para aceptar el espíritu que le fue asignado en el bautizo y que le dé la primera decisión libremente elegida que es la confirmación. Con una confirmación elegida se da inicio al recorrido del camino del Yo-Tu, de llegar al servicio si se lo permite el cuerpo, los espíritus inmundos y los demonios que comenzarán hacer su trabajo para perderlo de este camino y que se mantenga en la satisfacción. La creencia en lo sobrenatural incluye saber que hay un equilibrio por parte de los seres que pueblan el espacio tiempo de Dios y que está disperso en Reino de Dios, purgatorio, limbo e infierno el cual está gestionado por Nuestro Señor Jesucristo con sus Ángeles de la Guarda y el Espíritu Santo con sus Espíritus.

La confianza como el primer carácter que se fortalece por ser la madre de todas, permite primero creer en sí mismo en los propios recursos dados por las características del alma para controlar el instinto, creer eventualmente en los demás y sobre todas estas creer en lo sobrenatural. Las decisiones que van dirigidas por un proyecto de vida fundamentada en Dios, en sus pruebas, fortalece esta confianza a medida se producen los logros, manifestándose la fe y la esperanza como principales virtudes. Se aprende y se adquiere la paciencia para superar las pruebas y amar con la razón lo que llaman ágape como una decisión de perdonar sin olvidar, que nos llevan de manera elegida a la tribulación.

Solo aquellos que toman el camino de aprender y adquirir virtudes de manera inconciente o conciente, porque lo empuja el espíritu, los que pueden establecer un proyecto de vida con la virtud de la convicción, que con ignorancia pero seguridad se considera que es el camino que nos solicita Nuestro Señor Jesucristo. De aquí en adelante comienzan las pruebas que solo con paciencia se superan porque van dirigidas a amoldar un alma para una misión, un misionero que tiene como objetivo lo que dicta una conciencia que anda de la mano del espíritu.

La confianza como carácter y la seguridad como un valor compartido se convierte en la herramienta de la creencia para que el participante pueda comenzar andar por los escalones de una vida en Dios que lo lleve a la autorrealización del ser y que solo las experiencias sobrenaturales que no son amoldadas por el mundo con las palabras suerte, coincidencia o casualidad, llevan al yo adulto hacia el último escalón de la trascendencia divina.

La preparación del alma con el desarrollo de sus características gracias al espíritu para que pueda primero dominar los instintos del cuerpo, evita que viva según la carne deseando lo carnal y logrando que viva según el espíritu que lo lleva a lo espiritual: Y si el Espíritu de Aquel que resucitó a Jesús de entre los muertos habita en vosotros, aquel que resucitó a Cristo de entre los muertos dará también la vida a vuestros cuerpos mortales por su Espíritu que habita en vosotros. La creación, en efecto, fue sometida a la vanidad, no espontáneamente, sino por aquel que la sometió, en la esperanza de ser liberada de la servidumbre de la corrupción para participar en la gloriosa libertad de los hijos de Dios.

4. VIVENCIAS DEL MUNDO

La servidumbre de la corrupción es la civilización que terminó con la humanización apenas hizo su aparición, comenzando a formarse un mundo civilizado que con la pérdida del espíritu y llevándolo a una vida de solo 120 años, quedó limitada de su capacidad verdadera porque no le dio el uso al Espíritu de Dios para humanizar a la humanidad. La humanidad quedó fue civilizada perdiendo fundamentalmente su ser y queriendo hacer para lograr adquirir lo que le permita un alto incremento de satisfacción que lo logra solo el placer, poder y gloria. Es por eso que en las oraciones que nos da Dios a través de su iglesia siempre está presente esa frase: El poder y la gloria viene o está en Dios.

Las vivencia de la vida que debieron ser de la humanización del mundo, gracias a civilización se convirtieron en vivencias del mundo que solo sirve para llegar hasta el yo adulto, que algunos confunden con un yo padre solo porque tienen una familia, y que para muchos solo sirve de apariencias. Las familias del mundo solo se preocupan por lograr una calidad de vida que se mantiene en horizontal en una carretera que lamentablemente no tiene fin, es un andar y andar solo para hacer para adquirir la mayor cantidad de bienes y servicios que le permita su limitada autorrealización, pero sin la suficiencia para detenerse, sino que siempre está el más y más porque el placer, poder y gloria del mundo solo quiere más placer, más poder y más gloria. Las vivencia del mundo se convierten solo para adquirir virtudes olvidando los valores, porque lo tomó lo carnal que viene de satanás, sus espíritus inmundo y los demonios para apoyarlo en sus planes de querer siempre más y más.

El mundo nos da experiencias que solo sirven para el mundo y mientras más nos envuelve se hace difícil redimir, mientras más envuelto en el mundo, se requerirá más dolor intenso para lograr ese cambio al ser que muy pocos toleraran y superarán. Es el dolor efectivo lo que permite lograr ese cambio del hacer al ser producto de la perdida de la calidad de vida o de aquello que realmente lo mantiene por momentos en un ser por no querer dañar.

Estas experiencias del mundo que llegó a la civilización son las que entregan al ser humano integral los conceptos que a la larga se quieren cambiar, envueltos en una gama de actitudes que solo buscan querer satisfacción una y otra vez, algunos solo por le necesidad del cuerpo, otros por el deseo del alma que quedó corrompida y otros por la necesidad y deseo que son aquellos que requieren un intenso de dolor como Saulo, que fue ejecutado por el mismo Jesucristo en persona para convertirse en San Pablo. Cuando se está sumergido en la civilización redimir requiere lo sobrenatural y pasa solo porque Dios lo requiere.

La experiencia del mundo prepara cuatro tipos de ser humanos para la espiritualización, como nos los enseña Nuestro señor Jesucristo: Aquellos que cayeron a lo largo del camino y vinieron las aves y se la comieron, Cayeron en pedregal donde no tenía mucha tierra brotaron enseguida porno tener hondura de tierra pero en cuanto salió el sol se agotaron y por no tener raíz se secaron, las que cayeron entre abrojos crecieron los abrojos y las ahogaron y las cayeron en tierra buena y dieron frutos. Esta parábola del Señor requiere ser analizada según el alcance de este manuscrito: se trata de un sembrador que sale a sembrar y en el camino al huerto unas se les cayeron en tres zonas, en el camino, en pedregal y entre abrojos, antes de comenzar la faena de sembrar. Se trata de semillas que se pierden en el largo camino de la vida, se dejaron completamente envolver por la civilización, por esa única búsqueda de satisfacción del placer, poder y gloria gracias a una conciencia desarrollada solo por este fin y que se quedaron en el yo adulto, con sus complejos y mecanismos de defensa que nos los deja continuar su ascenso o adelantar, un alma perdida en lo horizontal que brega con su tensión enferma con la ayuda de la felicidad que lo da la adquisición de bienes y servicios. Tenemos los que cayeron en el pedregal gracias a los vaivén del largo camino de la vida, los constantes subir y bajar gracias a un camino de piedras que son los obstáculos, las pruebas que llaman ellos del mundo y que por falta de creencias sobrenaturales buscaron donde no era, brujerías, astrología y psicología mundana y terminaron dejándose envolver por la felicidad del mundo porque no pudieron con el largo ascenso que busca la alegría. Los que caen en abrojos que son aquellos que con poca creencia caen en lo espiritual pero sin fortalecer su yo adulto, su creencia en Nuestro señor Jesucristo que terminan una espiritualidad basada en hacer, que a la larga es una máscara que las pruebas de Dios terminan quitándosela y vuelve al mundo feliz. Hay que ver algo importante aquí y no es que el sembrador las deja caer con propósito, sino que se les caen sin elegir, nos muestra que todo se trata un azar, osea no se sabe que sale de un alma cuando nace.

Sin embargo las que sembró en el campo, en su huerto para que dé frutos cuando dormía vino su enemigo y sembró la cizaña. Eso lo llevó a tener que dejarlas crecer juntos y al final cosechar ambas y separar, primero la cizaña luego y luego el trigo, cada quien a su destino, Reino, Purgatorio, limbo e infierno.

5. AUTORREALIZACIÓN POR EL HACER

Aquí nos dedicamos a comprender quienes son las cizañas que buscan dañar la siembre de trigo, porque los que se cayeron del saco de maíz producto de las pruebas del mundo, son aquellos con un alma entregada al mundo por su propia decisión, no se bautizaron. Sin embargo la civilización que es el huerto está inundado de cizañas que son los espíritus inmundos y demonios donde satanás que es el enemigo, busca destruir el fruto que se quiere para cosechar.

El fruto son los valores y virtudes y la cizaña son los antivalores y defectos, uno el ser y el otro el hacer, uno el alma y el otro el cuerpo, uno la razón el otro el instinto. El enemigo busca a través del inconsciente intervenir en las acciones de este ser humano aplicando cizaña para enviarlo al subconsciente para formar una razón solo basada en hacer, en adquirir bienes y servicio que lo empuje en horizontal estancándolo, solo en el placer y la búsqueda del poder y la gloria que le permite una autorrealización fundada con lo material. Se sienten autorrealizados por tener una gran casa, carros de lujo, ropa costosa y una cuenta bancaria con mucho dinero. Ese es el camino del hacer, la búsqueda de una autorrealización basada en pura felicidad que le permite luchar con la tensión enferma, que a la larga hace su efecto porque siempre, en algún momento viene el alma a desear a Dios, le negaron el alma a Dios y le entregaron el cuerpo a satanás.

La autorrealización del hacer es un yo adulto que no puedo llegar al yo padre, se quedó en este yo que por falta de una creencia que va más allá de su propio campo de visión no le permitió seguir subiendo y prefirió asentarse en ese piso o en ese campo. La culpa de asentamiento fueron las virtudes y no los valores, porque sustituyeron los valores por los antivalores que son las cizañas, que podemos llamar vanidad, prepotencia, egocentrismo o yoismo, arrogancia acompañado de los defectos que son lo contrario a las virtudes como son la idolatría, el elitismo, el formalismo, totalismo, legalismo, perfeccionismo y el más común el narcisismo. Todo se trata de drenar la tensión sana o enferma según la decisión que tome cada ser humano integral de manera conciente o inconciente que le permita regular o no el subconciente donde está el instinto.

Los valores y virtudes permiten vivir con la tensión sana y los antivalores y defectos con la tensión enferma. La tensión enferma gracias a los complejos y mecanismos de defensa le permiten andar por una civilización que es el camino del hacer, y tanto los valores, virtudes, antivalores y defectos se encuentran en el alma. Las ideas equivocadas o erróneas que se hacen en la razón lo llevan a tener apariencias que le permiten andar en el mundo, ya sea que se encuentra en el verbo civilizar, en el sustantivo civilización o adjetivo civilizado. Estas ideas erróneas que llamamos complejos y que la civilización tiene una lista muy extensa, tiene sus bases en cuatro principales que son la inseguridad, inferioridad, aceptación y rechazo y según con el que más se identifique tendrá sus mecanismos de defensa para tratar de mantearse en su idea equivocada, siendo la más utilizada por los poderosas y gloriosos la fantasía, utilizando como herramienta la telecomunicación con sus dispositivos.

Solo se les entrega una lista de estos mecanismos de defensa para ver si actúa el carácter de la iniciativa en el lector. Estos mecanismos de defensa lo mantienen en una lucha diaria sin tregua de la tensión enferma que son la fantasía, competencia, regresión, manipulación, negación, proyección, fijación, identificación y superioridad. La mentira es producto del temor y la inseguridad, pero la manipulación como mecanismo de defensa es producto del interés, van dirigidos siempre a tratar de mantenerse en la adquisición de bienes y servicio y el complejo es la careta que lo ayuda a tener diversas apariencia que lo regulan los valores y virtudes, mientras más fortalecidos estén serán utilizados para luchar con la tensión enferma y la sana, convirtiendo se en un proceso de transición, en un paralelo que a la larga requiere decisión. Ahora se les puede decir que las semillas que cayeron en el camino, pedregal y abrojos son aquellas que no llegan al juicio y se pierden en el limbo y las que son sembradas junto a la cizaña como estrategia, son las juzgadas y van al Reino de Dios, Purgatorio o infierno. Solo Nuestro Señor Jesucristo aplica misericordia en ambas.

Es el autoconcepto lo que requiere monitoreo por aquellos que tiene bajo su tutela el yo adulto y padre de sus hijos y adoptivos, este conjunto de creencias que conforma el autoconcepto están determinados por la creencia de lo natural y sobre natural una imagen de sí mismo. Esta imagen limita en forma poderosa su avance horizontal y aún más vertical, la imagen del ser o hacer. El autoconcepto y autoimagen representan el ancla que detiene o moviliza la conducta del ser humano, lo mantiene avanzando hacia adelante o hacia arriba, con ayuda de la autoevaluación analítica, critica y afectiva que lo lleva a las decisiones que se consideran buenas o malas según su propia verdad.

La conciencia te mantiene en el aquí y ahora con la fuerza de voluntad que se ejercita, una vez que aprende y adquiere, y permite regular el subconciente. Si la fuerza de voluntad no está bien ejercita te saca del conciente y vuelve al inconciente de manera natural, tomando el control el subconciente. El aquí y ahora es la clave de saber que estamos en el conciente, a través de los sentidos que te da la percepción y te lleva al sentido común. Si por el contrario lo natural te envía al inconciente actual aparecen los complejos como ideas erróneas que requieren los mecanismos de defensa dándote el sentido literario, recto, metafórico, relativo o absoluto gracias a los complejos de inseguridad, inferioridad, aceptación y rechazo. El darse cuenta de uno mismo es la clave para subir o adelantar, estar conciente del momento y lugar donde nos encontramos, entrando en juego los conocimientos, que le dan las herramientas para construir su camino hacia el horizonte o las plataformas escalonadas que lo lleven a Dios. Le dan su valor en sí mismo y hacia sus prójimos, darse cuenta es prestar atención que algunos analista llaman el yo profundo, o mejor dicho el yo padre como su núcleo de identidad donde reside la verdadera autoestima que sin elementos intermedios y periféricos que lo hacen débil y vulnerable.

Con este yo profundo o yo padre tenemos una identidad fortalecida que nos indica que es el momento de la confirmación elegida y el inicio de la espiritualidad como una libertad con disciplina, decidida a tomar, lo convence que es el camino a tomar, la anhelada convicción que lo hace fuerte e invulnerable.

6. LIBERTINAJE

Si el participante no tiene la atención requerida en sí mismo y todo lo que lo rodea, entran en juego esos complejos con sus ideas erróneas gracias unas creencias equivocadas que lo envolvieron, basadas en adquirir que lo mantienen en una satisfacción constante producto del instinto, domina la inteligencia sobre la razón o la inteligencia de manera inconciente utiliza la razón. Este escenario le permite a los diversos mecanismos de defensa trabajar para establecer sus creencias que lo llevan a tomar decisiones solo para satisfacción que lo mantiene feliz y contrarrestar su tensión enferma. A diferencia de la atención que le permite evaluar su condición en momentos determinados y utilizar sus valores y virtudes para regular su estado afectivo.

Este escenario es la civilización de nuestros tiempos que gracias al progreso e industrialización se requirió perfeccionar los métodos legislativos para tratar de poner orden en un libertinaje producto de un capitalismo. Son los complejos y sus mecanismos de defensa que maniobran las decisiones del mundo con unos poderosos y gloriosos que creen tener valores y principios, que los confunden con su vanidad, arrogancia, prepotencia y sobre todo su imagen idólatra, se esconden tras la careta de las virtudes sin saber que son sus mecanismos de defensa bien arraigados. Se basa en una atención por los placeres, poderes y glorias como cualquier lobo que se deja controlar por los instintos que solo quiere sangre.

Tenemos unos seres humanos integrales en una civilización que llaman mundo con cizaña y trigo, conformados en su mayoría por una especie humana integral que conviven en una selva de concreto construida por sí mismo y no por una evolución natural. Una selva de concreto donde todos luchan sin tregua por alcanzar una autorrealización de hacer todo lo que más se pueda sin límite y suficiencia, que mientras más bienes materiales y servicios tengan, lo mantendrá en una felicidad constante y consideran que tienen el éxito. Se trata de dominar y controlar en una civilización con legisladores, ejecutores, y unos jueces adiestrados de manera disciplinaria en el conocimiento de leyes con diversidades de aplicaciones, pero que al final todo se resume en la adquisición satisfacción constante.

Si este falso éxito cae se lleva consigo su autoestima producto de una autorrealización material que se derrumba, y su autoimagen distorsionada se desvanece en sus propias narices trayendo una pérdida de contacto con su realidad, que por estar basada en lo material hace presencia la necesidad del cuerpo y el deseo de un alma enferma generando gran ansiedad y angustia. Cuando se tiene y se necesita, o se tiene y desea hace presencia la cizaña, su vanidad y arrogancia; pero si no se tiene y necesita hace presencia los antivalores como la prepotencia y el egocentrismo. El problema radica cuando se tiene y existe necesidad del cuerpo y el deseo del alma porque llega el emperador, pero cuando no se tiene con necesidad y deseo vienen los enfermos y locos de la civilización a crear caos y destrucción.

Los emperadores para poder dominar la civilización utilizan los medios de comunicación con sus dispositivos, para quitarle la atención al ser humano integral y mantenerlo en la inconciencia que domine la subconciencia y dejarlos anclados en el complejo y mecanismos de defensa que permite controlar sus análisis, critica y sobre todo su estado afectivo, manejando su propio auto por un chofer que dirige su propio camino hacia el horizonte de otro. Toda su atención está en estas redes sociales con dispositivos que mantiene controlado el libertinaje de satisfacción, centrando el tributo para aquellos que logren una posición solo de apariencia, un lobo disfrazado de oveja con la careta de la virtud.

7. PRUEBAS DE DIOS

Todas las pruebas de Dios se superan solo en la paciencia, porque nos gloriamos hasta en las tribulaciones, sabiendo que la tribulación engendra la paciencia, la paciencia virtud probada, la virtud probada esperanza. Estas tribulaciones buscan eliminar los complejos y mecanismo de defensa que no permiten aprender y adquirir verdaderas virtudes que requieren paciencia para su redención. Es necesario que Nuestro Señor Jesucristo nos "Tumbe del Caballo" de nuestra propia idolatría, nuestra propia imagen que nos ancla a darle valor a lo que tiene, a tomar la decisión de enfrentar grandes temores necesarias para enfrentar la intensidad de la tensión sana que nos genera tanto dolor por desprendernos de la satisfacción, de lo material, lo necesario y sobre todo los deseos mundanos que adquirió el alma, que a la final es lo que se buscan redimir.

Es necesario que el nuevo ser humano integral para que ejecute el humanizar, aplique su automotivación y que no requiere que lo motiven con falsas esperanzas que le entrega la civilización para llevarlo a esa falsa autorrealización del hacer. La automotivación se aplica buscando en nuestro yo profundo los valores compartidos que nos empujan a la adquisición y aprendizaje de virtudes, como son la compasión, la bondad que cuando la aplicamos nos hace sentir vivos solo por el logro de ver a otros encontrar su propia verdad. La voluntad como una gran virtud nos ayuda a empezar aquello que no queremos pero que nuestra conciencia moral fortalecida con la atención nos ordena que debemos continuar y con la ayuda de la prudencia nos hace respetar a los demás. La voluntad se basa en el esfuerzo que cada ser humano integral es capaz de hacer contra sí mismo, comparando su conducta perfecta contra su conciencia moral y el poder real que es empujada por ese querer ser y hacer. Su valor como persona se regula con su valor potencia, y cuanto más acertada sea este aprendizaje que se logra superando la frustración, le da un aprendizaje de sus aptitudes. El alcances de sus objetivos que le permite experimentar el logro como sentimiento que dura con poca intensidad, requiere una determinación del propósito y sobre todo en la creencia entre esa conciencia moral y el poder real que lo lleve al deseado resultado.

Otro punto muy importante que el mundo busca evitar con sus terapeutas preparados por la civilización, es que el ser humano debe buscar evitar la frustración, siendo todo lo contrario porque los obstáculos de la vida son las pruebas que nos permite crecer como personas y nos da esa enseñanza de nuestra limitación y conocer aquello que puede o no alcanzar, porque a la final todos tenemos nuestras limitaciones y conocerlas nos permite el yo profundo y saber aquellas luchas que podemos o no ejecutar. Las frustraciones son producto de nuestros conflictos internos que nos solicita una decisión para ver qué camino tomamos, siempre es así, las pruebas son para elegir un camino en nuestra propia construcción del camino hacia la dirección. Estos conflictos internos siempre están fundamentados en acercarnos o evitar algo, y ese acercamiento o evitación depende de si lo quiero o no lo quiero, osea la voluntad en su mayor intensidad. Si se tiene que tomar una decisión entre algo que quiere evitar y algo que no quiere acercarse la frustración será intensa, pero si es algo que no quiero evitar contra algo que no quiero acércame el camino fácil es no evitar. Cualquiera sea la configuración que tomemos entre acercar y evitar, la voluntad estará presente o no, ese hacer lo que no quiero y hacer lo que quiero requiere del espíritu para encontrar la voluntad de Dios.

Este manejo de frustraciones constantes requiere un manejo de emociones constantes y más cuando tomamos el camino vertical y no horizontal. Ese ejercicio del manejo de las emociones que la civilización le puso el nombre de inteligencia emocional, el elefante y el jinete, lo podemos resumir en obediencia con disciplina que requiere mucha ejercitación y que de eso se basa el yo adulto, ejercitar mucho manejo de frustraciones y emociones que tiene como principal síntoma la ansiedad y la angustia. La emoción fue parida por el temperamento y ambas pertenecen a la característica del cuerpo, es una expresión del temperamento y según el temperamento que domine, de esa manera se refleja la emoción. La clave entonces es conocer el temperamento para educar la emoción y conocer la emoción para educar el temperamento y esto es el trabajo del autoconocimiento y del autoconcepto.

Según el temperamento hereditario y la acción de la emoción, junto con los conflictos internos y la aparición de la frustración, automáticamente se requiere una decisión debido a una prueba del mundo civilizado que lo puede mantener en movimiento en la dirección horizontal o a una prueba de Dios para mantener en su ascenso, dependiendo todo de lo que crea y su madurez, su yo profundo, padre, adulto o niño. Todos sabemos que la decisión en el mundo del horizonte siempre estará basada en la adquisición de bienes y servicio que lo lleva a utiliza sus herramientas de la manipulación, eso dependiendo de su virtud mal utilizada del valor que le permite enfrentar temores como sentimientos y miedos como emociones. Pero si lo vemos como una prueba de Dios, la cosa cambia por que Dios siempre nos envía por el camino espinoso. Sin pensarlo mucho siempre debemos tomar lo que queremos evitar o no queremos acercarnos, con un intenso manejo de emociones y frustraciones y altos niveles de ansiedad y angustia que se convierte en estrés. Hay que superar todas las pruebas de Dios en la paciencia, manejar esos altos niveles en el tiempo que Él requiera para ejercitar su manejo y dominar, y de esa forma encontrar la paz en la tormenta.

La ansiedad proviene de la necesidad del cuerpo y la angustia del deseo del alma, una del instinto y otra de la razón. El síntoma de la ansiedad se parece al de la angustia con la única diferencia que la ansiedad produce sensación de fuga y la angustia de paralización, por eso si ambas se encuentran con mucha intensidad produce ambas sensaciones y es lo que los psicoanalistas llaman estrés. Entonces la clave de la ansiedad, angustia y estrés es solo necesitar menos y desear menos, osea desprenderse de la satisfacción que es el lastre de la civilización inundada de placer, poder y gloria. Entonces vendamos todos nuestros bienes y entreguemos nuestros servicios a los más necesitados, tomemos la cruz de la tensión sana y sigamos a Nuestro Señor Jesucristo.

Sacudamos todo lastre y el pecado que nos asedia, y corramos con fortaleza la prueba que se nos propone, una fortaleza del carácter empezando por la confianza y seguridad basada en una creencia sobrenatural. Las pruebas de Dios siempre están destinadas a prepararnos para su misión, considerando siempre un gran gozo el estar rodeado por toda clase de pruebas sabiendo que la calidad probada de vuestra fe produce la paciencia en el sufrimiento y nos lleva a la corona de la vida que solo encontramos reconociendo nuestro espíritu que nos entregaron con el bautismo y reconocemos con la confirmación con convicción, sin la careta de la virtud.

AUTORREALIZACIÓN POR EL SER

La cura es necesitar y desear menos y reconstruir la autoestima, dando una nueva imagen a la autorrealización del hacer al ser, empezando por reconocer nuestros complejos y mecanismos de defensa que nos impiden la atención de todo aquello que nos rodea que requiere la virtud de la coherencia, producto de una verdad aprendida en la paciencia con el sufrimiento siempre presente, que nos conlleva a pensar, decir y hacer con nuestro propio sentido común siempre en un aquí y ahora que asegura que no estamos bajo los mecanismos de defensa. Prestar atención nos permite primero quitarnos la careta y que se muestre el verdadero yo y que ese yo llegue a la edad donde perdimos el avance en vertical u horizontal para poder llevar la madurez a la edad cronológica. Ese camino lo perdimos con nuestras decisiones solo para querer hacer y desde ese momento comenzar a reeducar para ser, que alcance su vida espiritual y que solo lo puede lograr buscando su autorrealización basada en ese ser.

En la vida cotidiana del ser humano integral juega un papel importante su entorno y el rol que juega en él con claridad o confusión. Lo que se busca es una identidad según sus características únicas y su matiz personal, su ser autentico con conciencia y que encuentre su convicción, que para eso se requiere conocer su rumbo en la vida. Esto se alcance con un camino basado en pruebas y logros, con decisión propia, comenzando primero su proceso de lastre que le genera dolor y sufrimiento, ansiedad y angustia, osea las primeras tribulaciones por el desapego de la satisfacción. Entra en juego el apego y desapego, que lo podemos llamas un luto o autoluto, según sea el caso la decisión de seguir adelante requiere de desprenderse de aquello a lo cual nos apegamos que generará emociones y sentimientos desagradables, la decisión de enfrentar esos síntomas y por tanto de mucho valor. Ese valor que forma parte de las enseñanzas que nos da la vida requiere primero de la mano de Nuestro Señor Jesucristo para sacarnos del barco por la poca fe o que nos tumbe de ese caballo de idolatría hacia nosotros mismo lleno de vanidad, arrogancia, prepotencia y egocentrismo y que luego de caer tres veces del caballo nos deje ciego. Salir del barco o que nos tumben del caballo siempre estará presente el valor, y que ambos necesitan de la mano de Nuestro Señor porque no tenemos el valor, y aquellos que lo tienen como Pedro para salir del barco, a la larga la poca fe nos hace levantar las manos.

La paciencia entra en acción con la consolación que nos da Jesucristo con su ejemplo y con la Palabra de Dios, primero en nuestra inteligencia, luego en nuestra razón y finalmente en nuestras decisiones. Si somos atribulados, lo somos para consuelo y nuestra propia salvación y si somos consolados, lo somos para nuestro consuelo, que nos hace soportar con paciencia los mismos sufrimientos que todos en común fe debemos soportar. La paciencia y el valor juegan un papel importante en la dirección del nuevo rol que lo lleve de la confusión a la claridad, dando en el tiempo una nueva imagen de sí mismo gracias al proceso de autoconocimiento, autoconcepto, autoevaluación y autoaceptación que debe vivir en su paciencia y valor, pero siempre con el consuelo presente y en algunos casos solo con la huella de Nuestra señor Jesucristo porque nos lleva en sus brazos en ese camino del luto o autoluto.

Con esa nueva imagen que poco a poco se refleja en ese espejo, esa foto del antes y después que nos lleva a mostrar una autoimagen de paz a los que sufren, es el camino de la tranquilidad de la conciencia que permite tener sensibilidad al mal de otro porque también lo vivimos pero que Él nos enseñó a soportar. Esa inclinación de hacer el bien por experimentar el hermoso sentimiento del logro por ver el bienestar de los demás que nos empuja al servicio. Entonces el servicio requiere justicia y misericordia con equilibrio que es lo que lleva a la convicción y nos permite alcanzar la autorrealización del ser y nos mantiene en una constante prueba de la fe y esperanza que nos produce la paz en la tormenta, la plenitud del alma. No se trata de una paz total, se trata de aprender a vivir con los síntomas de la tensión sana con el apoyo del espíritu el cual está con nosotros mientras nos mantengamos alejado de los placeres mundanos, porque no todo placer es malo, alejado de la necesidad de poder que nos genera el falso orgullo, porque no todo orgullo es malo y alejado de la gloria que nos lleva a la vanidad, porque solo es mala la vanidad que proviene de lo egocentrismo porque solo se le debe dar valor a Nuestro Señor Jesucristo con el Yo Profundo.

8. ESPIRITUALIDAD

Concluimos que para llevar una vida espiritual a plenitud lo primero que se debe lograr es el Yo Profundo la propia autenticidad que lo lleve a estar convencido del camino que quiere tomar en su vida que llamamos convicción. Debe tomar su decisión de tomar el Sacramento de la Confirmación para que el Espíritu Santo le diga al Espíritu asignado que le entregue los dones según los requerimientos. Esto le permite fortalecer los valores gracias a los dones los cuales los podemos distribuir de la siguiente manera:

1. **El Don del Temor de Dios:** Fortalece el valor compartido de lo místico, del misterio de la Palabra de Dios, que nos lleva primero al autorespeto producto de la autoaceptación y el respeto por los demás producto de ese Temor de Dios como su sirviente y como niño, que solo aquellos que dentro de su yo profunda tenga una influencia de ese yo niño siendo este el más noble y hermoso de los dos, el temor de un sirviente y el temor de un niño. Le da al alma la disposición de creer con firmeza en lo sobrenatural que permite ver las Pruebas de Dios de manera instintiva. Gracias a un incremento en la

creencia hacia Dios y lo sobrenatural se fortalece el carácter de la confianza aumentando su seguridad y llevándolo de manera directa a la virtud de la fe y la esperanza.

2. **El Don de la Piedad:** Infunde la reverencia hacia Dios y los elementos divinos que provienen de lo sobrenatural y por tanto al valor compartido de ese hermoso espíritu de conciliación y la humildad que implica un buen manejo del temperamento de la susceptibilidad para poder aplicar la colaboración. Nos empuja aprender y adquirir la virtud del amar con la razón del alma como una decisión y que gracias a la ejercitación de la tensión sana nos permite manejar con facilidad el dolor que genera amar aquellos que nos hacen daño, que requiere la virtud del autocontrol y la voluntad de hacer lo que no queremos hacer y no hacer lo que queremos.

3. **El Don de la Fortaleza:** Le da control al miedo como emoción del cuerpo y al temor como sentimiento del alma, que gracias al Temor de Dios conocemos la diferencia entre el temor natural y el sobrenatural. Fortalece el valor compartido de la moral que nos ayuda al comportamiento según el rol que tenemos en el entorno y que nos permite la capacidad de adaptarnos a las configuraciones de

Dios. Nos ayuda aprender y adquirir la virtud de la determinación que nos permite mantenernos fiel a Dios en sus pruebas o superar los obstáculos que nos pone el enemigo en el mundo. Fidelidad a las decisiones trascendentales tomadas en la vida pero con la virtud de la convicción.

4. **El Don del Conocimiento:** Ese poder divino de iluminarnos con la luz interior de un alma de la mano con su espíritu, para conocer y discernir los eventos naturales y sobrenaturales, para su separación y que al aplicar el autoanálisis, autocrítica y la introspección afectiva nos ayuda a la toma de decisiones con ese yo profundo, que lo mantiene en la autorrealización del ser, que no es más que el servicio, servir a Dios y ver el dinero solo como una herramienta para ayudar a los demás. Este don fortalece el valor compartido de la permanencia hacia nuestras responsabilidades y la planificación que nos da esa capacidad de ordenar nuestras ideas bajo una firme creencia por ese Temor de Dios, para manejar la esperanza como un camino escatológico.

5. **El Don del Entendimiento:** Esa gran capacidad de poder comprender los misterios de Dios que nos lleva al comportamiento místico, sin complejos y

mecanismos de defensa, con propiedad y una confianza que se refleja hacia los demás. Nos permite aplicar con firmeza primero la justicia y luego la misericordia, lo que nos lleva al valor compartido de la corresponsabilidad que no permite la permisibilidad. Se trata de aplicar el Don de la Piedad con la justificación del espíritu entendida por el alma. Esto requiere una identidad construida sobre rocas que lo mantiene en la fidelidad, en las decisiones tomadas del camino que lleva, pero con la virtud de la devoción controlando esas confusiones de roles que lo mantienen en la inseguridad pero que con la virtud del coraje lo mantiene firme.

6. **El Don del Consejo:** Empuja, impulsa al alma a la profecía, tanto para su propia salvación como para los demás, agrando primero a Dios que nos da una verdadera paz, siendo el operador de los dones anteriores, el Temor de Dios, la piedad, la fortaleza, el conocimiento y el entendimiento llevados al verbo por un elegido, donde Nuestro señor Jesucristo está presente con sus Ángeles de la Guarda. El Espíritu Santo nos asigna un Espíritu y Nuestro Señor Jesucristo un Ángel, ellos nos protegen del espíritu inmundo y de los demonios

impuestos por el enemigo. Se requiere creencia en lo místico, lo sobrenatural para este don que solo lo dan los anteriores que fortalece el valor compartido de la generosidad, que requiere para su aplicación asimilar, organizar y utilizar las experiencias divinas para ayudar a los demás, trabajando creativa y productivamente en beneficio de los demás, osea hablamos del servicio puro y determinado, realizando el rol seguro del maestro y guía sin llegar al autoritarismo. Esto implica aprender y adquirir la virtud del afecto que es el resultado de la constante aplicación de la virtud del amar.

7. **El Don de la Sabiduría:** El más alto de todos los dones entregado por el espíritu asignado y que solo lo logra aquel que ha llegado al último escalón, osea una dirección hacia el norte de noventa grados, en perpendicular y solo ve hacia atrás en los momentos de prueba que requiere buscar fe y esperanza. Aprender a perdonar pero no olvidar y tener ese valor compartido de la sinceridad, que es una integración de su verdad con la realidad, integración de Yo Profundo como ser, con su convicción del camino ignorante pero

seguro y la aplicación de todos los dones del espíritu.

Sabiduría 8, 1-9: "...Se despliega vigorosamente de un confín al otro del mundo y gobierna de excelente manera el universo. Yo la amé y la pretendí desde mi juventud; me esforcé por hacerla esposa mía y llegué a ser un apasionado de su belleza. Realza su nobleza por su convivencia con Dios, pues el Señor de todas las cosas la amó. Pues está iniciada en la ciencia de Dios y es la que elige sus obras. Si en la vida la riqueza es una posesión deseable, ¿qué cosa más rica que la Sabiduría que todo lo hace? Si la inteligencia es creadora, ¿quién sino la Sabiduría es el artífice de cuánto existe? ¿Amas la justicia? Las virtudes son sus empeños, pues ella enseña la templanza y la prudencia, la justicia y la fortaleza: lo más provechoso para el hombre en la vida. ¿Deseas además gran experiencia? Ella conoce el pasado y conjetura el porvenir, sabe interpretar las máximas y resolver los enigmas, conoce de antemano las señales y los prodigios, así como la sucesión de épocas y tiempos. Decidí, pues, tomarla por compañera de mi vida, sabiendo que me sería una consejera para el bien y un aliento en las preocupaciones y penas...".

La espiritualidad esta enlazada a los dones del espíritu con la virtud de la convicción, sino es una simple careta de la virtud y que solo gracias a la común fe tiene la salvación. Sin embargo estos seres humanos con falta de esa identidad que la da el Yo Padre o el Yo Profundo, y que se quedaron estancados en el Yo Niño o Yo Adulto, son necesarios dentro de las comunidades espirituales para que ayuden a encontrar su convicción aquellos que van sin frenos al camino de la convicción y la espiritualidad. También les impone trabajo aquellos guías espirituales que tienen los dones del espíritu, para que traten de ayudar a los demás a encontrar su propia verdad que los lleve al yo profundo y a su camino con convencimiento.

9. PREPARACIÓN Y DECISIÓN

Las virtudes tienen y deben ser habituales en el comportamiento del ser humano integral y que se conviertan en los operadores que dirigen el verdadero potencial encontrado y que sea su uso correcto según el libre albedrío. Este libre albedrío está condicionado por el don del espíritu que depende del nivel de convicción que adquiera el alma y la cual se debe preparar de manera conciente y sobre todo con la disponibilidad y disposición se requiere para lograr los cambios necesarios. Es una decisión libre y que la podemos clasificar en espontánea y razonada, que según el yo logrado depende la fidelidad de la decisión. Las decisiones están influenciadas con el yo alcanzado en ese momento y sobre todo en los análisis y requerimientos establecidos por Nuestro Señor Jesucristo, porque si el ve un alma pura en la etapa del yo niño lo más seguro es que la tome, pero si el Espíritu Santo ve un alma con potencial después de tomar el Sacramento del Bautismo le asignará un Espíritu acorde a lo que se considera es el indicado, dando inicio a una preparación desde lo sobrenatural y comenzando las pruebas para su preparación en lo natural. Aquí viene la escatología donde todo dependerá del manejo de lo continuidad de la prueba según su superación y las configuraciones que produce su entorno determinadas por el mundo. La preparación que son las pruebas que lo dirigen al yo profundo y la forma de maniobrar las circunstancias que lo pone el mundo, dependerá de las decisiones que tome para labrar su camino hacia la dirección que lo sobrenatural requiere.

La preparación y la decisión son las que van construyendo su ruta hacia la dirección que el Espíritu Santo considera es la correcta y el Espíritu que le asigna tiene como misión buscar dirigirlo según esa disponibilidad y disposición del alma para ir por el camino ascendente o hacia el horizonte. De esta manera se va formando un yo que inicia en la etapa niño, luego logra alcanzar el yo adulto, donde la mayoría de las almas se estancan ya que a partir de allí comienzan las pruebas que poco superan, porque no se pondrán pruebas que se saben no pueden superar, lo que confirma que todos tenemos un límite, ese poder potencial que debe nivelarse con el poder real.

10. LIBERTAD ELEGIDA – LOS FRUTOS DEL ESPIRITU SANTO

De las decisiones que se tomen y la superación de las pruebas hasta alcanzar ese yo adulto, da inicio a las grandes pruebas que pone al alma en situaciones comprometidas en su entorno que lo lleven a desprenderse de la satisfacción y que comienza a levantar esa cruz de las tribulaciones por el autoluto elegido y que requiere ejercitación para su hábito. Dependiendo de esa capacidad de entrar y salir del yo adulto al yo padre, y luego del yo padre al yo profundo dependerá el fruto alcanzado que está condicionado a los valores fortalecidos por ese aprender y adquirir virtudes. Sin embargo gracias a lo carnal que lo da los instintos del cuerpo también se adquieren antivalores y defectos por la intervención del enemigo, y son estos valores y antivalores y virtudes y defectos los que hacen ese entrara y salir del yo, el trigo y la cizaña. Si se lleva una dirección vertical implica bajar y subir y si se lleva una dirección horizontal implica adelantar y retroceder. La dirección está condicionado por el Don del Espíritu que lo empuja a su misión que puede ser una dirección en horizontal porque la misión está dirigido hacia el mundo, pero puede ser una dirección vertical porque está dirigido más a lo personal que lo lleva a la dirección vertical.

Están aquellos que se pierden en las circunstancias que lo pone el mundo, por las decisiones que toma por alcanzar esa autorrealización del hacer, pero aquellos que buscan el ser que son los que comúnmente superan las pruebas y continúan su camino hacia la dirección del fruto; son muchos los llamados y pocos los elegidos. Revestíos, pues, como elegidos de Dios, santos y amados, de entrañas de misericordia, de bondad, humildad, mansedumbre, paciencia.

El Fruto del Espíritu Santo está conforme a esa dirección que requiere la misión encomendada y que logre ser elegida por el ser si supera las pruebas y llega a ese entrar y salir del yo adulto al yo padre o del yo padre al yo profundo. Esos Frutos del espíritu santo están condiciones por el Don del Espíritu, la misión encomendada y elegida de manera sabia con ignorancia, y ese entrar y salir del yo que logre alcanzar. Los frutos están dirigidos a las características del alma que es lo que se quiere fortalecer con el dominio del instinto del cuerpo, que son los valores y virtudes, donde el valor permite que operen los sentimientos y las virtudes que opere la razón:

- **Caridad**: Es un valor compartido que permite una actitud solidaria con el sufrimiento de otro, va tomada de la mano con la compasión, que solo sufre aquel que ha sufrido y revive el suyo al ver a otro sufrir, abriendo la puerta de la caridad. Este valor es requerido para la misión del servicio hacia los demás que le permite un recto uso de los recursos de Dios.

- **Gozo**: Es la Virtud de complacerse en la esperanza, que se aprende y se adquiere gracias al valor compartido del perdón que permite recordar los eventos del pasado que nos generaron tribulaciones, pero sin el dolor, trayendo la paz que muchos buscan y pocos consiguen.

- **Paciencia**: Hermosa virtud de padecer sin alterarse, de soportar primero las tensiones sanas de negar el instinto y segundo las actitudes negativas de los demás. Es la virtud de superar las pruebas que nos imponen el Espíritu asignado para mantener un constante avance ya sea en vertical u horizontal. Todos los llamados tienen que adquieren esta virtud llegan hacer elegidos.

- **Longanimidad**: Es una virtud de tener constancia en el ánimo cuando se presentan las adversidades, las pruebas acompañada de la paciencia permite tener serenidad para tomar las decisiones acertadas que nos llevan por el camino de lo sobrenatural, el camino de piedras y espinas que templa el alma.

- **Bondad**: Es un valor compartido que nos inclina hacer bien que junto con el otro valor de la caridad permite servir con el sentimiento de amor y no con la virtud del amar que limite esa obra. La Bondad y la Caridad requieren de sentimientos agradables y no de virtudes para lograr un máximo servicio dirigido al bien común para alcanzar la común fe.

- **Benignidad**: Es un valor compartido de la templanza del alma que la hace apacible y piadoso, es la máxima magnanimidad que el elegido requiere para poder tomar el camino horizontal y luchar contra todas las circunstancias del mundo. La mayor prueba de esa fe nos la da Moisés que terminó siendo el mayor siervo de Dios por ejecutar su misión en Egipto sacando al pueblo de Israel al desierto para conocer y formular su leyes, poder y gloria de Dios.

- **Mansedumbre**: Valor compartido que permite regular la ira, la rabia y cólera, no se puede aprender y adquirir si no se da, que permite ejecutar primero la justicia y luego la misericordia como virtudes, aplicada con el sentimiento y con la razón, poniendo la moral de primero y la prudencia de último.

- **Fidelidad**: Es una virtud que opera la fe hacia Dios, viendo la fe como otra virtud de creer en lo que no se conoce, es la base de la ignorancia con sabiduría. Nos permite ser determinantes en el camino tomado para alcanzar la misión encomendada y mantenernos en ella.

- **Continencia**: Virtud que moderan los placeres del mundo, materiales, que permite razonar los instintos del cuerpo para desechar con la templanza aquellos que contaminan la pureza del alma. Es una virtud adquirida con ayuda de los Dones del Espíritu mantenernos en la pureza, alejándonos de lo impuro que mantiene cerca al Espíritu asignado.

- **Castidad**: Valor y no virtud que solo lo logra un sentimiento de amor hacia Dios, porque la virtud del amar no lo alcanza, por el nivel de templanza que genera, es el máximo nivel de tensión sana que se puede tener por negarle al instinto su mayor placer sexual.

Gal 5, 22-26: "…En cambio el fruto del Espíritu es amor, alegría, paz, paciencia, afabilidad, bondad, fidelidad, mansedumbre, dominio de sí; contra tales cosas no hay ley. Pues los que son de Cristo Jesús, han crucificado la carne con sus pasiones y sus apetencias. Si vivimos según el Espíritu, obremos también según el Espíritu. No busquemos la gloria vana provocándonos los unos a los otros y envidiándonos mutuamente…".

11. LO SOBRENATURAL

El juicio es el camino final de todo ser humano integral que busca su autorrealización ya sea fundamentada en el hacer y en el ser, los que se asientan o los que avanzan. Si está fundada en el hacer y no se bautiza no recibiendo su Espíritu asignado por el Espíritu Santo, pero Nuestro Señor Jesucristo le pone su Ángel de la Guarda, para aplicar su misericordia al momento del juicio del alma por la muerte del cuerpo. Las almas que buscaron su moral que los llevó a encontrar valores y virtudes del mundo en civilización, de lo natural y no sobrenatural, pueden alcanzar el Reino de Dios por sus obras o el Purgatorio, a pesar no ser elegidos puede lograr la salvación, la aplicación de la soteriología.

Aquellos que se bautizan y se estancan en el yo adulto sin la creencia en lo sobrenatural y con o sin la máscara de la virtud van al juicio y llega al justificación. Los que se preocupan por el ser logrando que las pruebas sobrenaturales hagan su efecto llevándolo a ese Yo Padre o Yo Profundo terminan siendo elegidos y pasan de largo por el juicio final; porque Él enviará a sus ángeles con sonora trompeta, y reunirán de los cuatro vientos a sus elegidos, desde un extremo de los cielos hasta el otro. De esto se trata la común fe que entre las comunidad espirituales se encuentren los guías y jueces que alcanzaron ese yo padre y yo profundo, que les permita ser elegidos porque cuentan con los Dones del Espíritu y sus frutos, de manera que cuando lleguen aquellos días donde habrá una tribulación cual no la hubo desde el principio de la creación, que hizo Dios, hasta el presente, ni la volverá a haber exista la salvación. Si el Señor no abreviase aquellos días, no se salvaría nadie, pero en atención a los elegidos que él escogió, ha abreviado los días. Son los elegidos, aquellos que por convicción aceptaron la misión sobrenatural encomendada por pura fe, esperanza y amar, como las principales virtudes del alma, los que aplican la soteriología.

Lc 18, 2-7: "…Había un juez en una ciudad, que ni temía a Dios ni respetaba a los hombres. Había en aquella ciudad una viuda que, acudiendo a él, le dijo: "¡Hazme justicia contra mi adversario!" Durante mucho tiempo no quiso, pero después se dijo a sí mismo: "Aunque no temo a Dios ni respeto a los hombres, como esta viuda me causa molestias, le voy a hacer justicia para que no venga continuamente a importunarme." Dijo, pues, el Señor: «Oíd lo que dice el juez injusto; y Dios, ¿no hará justicia a sus elegidos, que están clamando a él día y noche, y les hace esperar?…".

Existen aquellos que toman la decisión por convicción de no vivir en común fe, que gracias al alcance de su yo profundo buscan una vida ascética que los mantengan alejados del mundo, viviendo en él pero sin pertenecer a él. Aquí entra la escatología y no la soteriología, porque la segunda es en comunidad y la primera es personal, para un único ser. Es lograr el desarrollo lo más que se pueda del despertar de la conciencia para llevar a este ser humano integral hasta el último nivel del escalón, que con convicción decida llevar una vida ermitaña o ascética para entregársela completamente a Nuestro Señor Jesucristo. Aquí entran a nivel eclesiástico los diocesanos y no los salesianos como ejemplo, pero a nivel laico están aquellos que se alejan de toda vida en comunidad y deciden llevar una vida de trabajo autosuficiente para mantenerse solo con lo básico necesario, alejado de los placeres materiales abrazando la soledad y la reclusión libremente ejercida.

La vida basada en la creencia en lo sobrenatural está dirija hacia estos caminos que lo convierten en elegidos y la podemos clasificar en:

- Vida Eclesiástica Diocesana
- Vida Eclesiástica en Comunidad
- Vida Religiosa en Comunidad
- Religión ermitaña o ascética
- Vida Laica en Comunidad Espiritual
- Vida Laica Ascética o ermitaña.

Un proyecto de vida espiritual está dirigido hacia estas decisiones y que está fundamentado primero en el nivel de desarrollo de su yo y segundo la entrega de los Dones del Espíritu que le permite cosechar los frutos para lograr su misión sobrenatural. Es la creencia en lo sobrenatural lo que permite tomar estas direcciones y comenzar a construir su propio camino hacia esa ruta elegida de manera libre, y que comiencen a trabajar el Espíritu Santo con sus Espíritu y los Ángeles de la Guarda con Nuestro Señor Jesucristo, dando equilibrio en la lucha contra el enemigo. Con la convicción del camino iniciado con el Sacramento de la Confirmación comienzan las grandes pruebas que debe superar, a partir del yo adulto para subir de escalón y alcanzar ese logro de llegar a la meta de su misión y mantenerse allí para espiritualizar este mundo, que solo lo pueden lograr aquellos que encuentren su yo padre y yo profundo.

I want morebooks!

Buy your books fast and straightforward online - at one of world's fastest growing online book stores! Environmentally sound due to Print-on-Demand technologies.

Buy your books online at
www.morebooks.shop

¡Compre sus libros rápido y directo en internet, en una de las librerías en línea con mayor crecimiento en el mundo! Producción que protege el medio ambiente a través de las tecnologías de impresión bajo demanda.

Compre sus libros online en
www.morebooks.shop

info@omniscriptum.com
www.omniscriptum.com